1. Dezember

Welcher Tag ist heute?

Im Stall ist es noch mucksmäuschenstill. Der helle Mond sendet warm leuchtende Strahlen durch die Fenster und leise Schnarchgeräusche sind zu hören.

Rica, das kleine neugierige Schaf, liegt warm eingekuschelt zwischen dem alten Schaf Fanny und ihrem Hundefreund Mischa. Rica träumt von Weihnachten – von dem Baum und den vielen Lichtern.

„Schlaf weiter, kleine Rica", murmelt Fanny, als Rica sich zu regen beginnt.

„Hmmm, Weihnachten", seufzt Rica leise und lächelt im Schlaf.

Als die ersten Sonnenstrahlen Ricas Nasenspitze kitzeln, öffnet das kleine Schaf blinzelnd die Augen. Mischa ist schon aufgestanden und auch die anderen Schafe sind bereits wach. Rica reckt und streckt sich. Dann springt sie mit einem Satz auf.

„Guten Morgen!", ruft sie fröhlich in den Stall.

„Guten Morgen, kleine Rica", erwidert Fanny schmunzelnd neben ihr. „Worüber freust du dich denn so?"

„Na, weißt du denn nicht, was heute für ein Tag ist?", fragt Rica und ihr kleiner Schwanz wackelt vor Aufregung hin und her.

Fanny schüttelt den Kopf. „Nein, keine Ahnung. Hat irgendjemand Geburtstag? Dein kleiner Freund Bruno vielleicht?"

Rica schüttelt heftig den Kopf. „Nein, nein, Brunos Geburtstag ist doch erst im Januar!" Der kleine Bär Bruno ist einer von Ricas besten Freunden, daher weiß sie ganz genau, wann er Geburtstag hat.

„Heute ist der erste Dezember! Die Adventszeit hat begonnen und es ist gar nicht mehr lange bis Weihnachten!", sagt Rica und ihre Augen werden vor Begeisterung ganz groß. „Ich liiiiebe Weihnachten!"

Adventszeit ist die schönste Zeit

Fanny schmunzelt, als sie Ricas leuchtende Augen sieht. Das kleine Schaf hüpft voller Vorfreude hin und her.

„Es gibt kein tolleres Fest als Weihnachten, findest du nicht auch?", fragt Rica.

Das alte Schaf nickt. „Ja, und die Adventszeit ist etwas ganz Besonderes."

„Hmm, es gibt so viele tolle Dinge in der Adventszeit: den ersten Schnee, die vielen Lichter und natürlich den Weihnachtsbaum. Die Weihnachtsgeschichte und dass alle zusammenkommen. Und natürlich die Lieder. Und die vielen Geschenke …"

„Und dass dir alles so viel Freude bereitet", unterbricht Fanny sie lachend.

Rica strahlt. „Oh ja! Und was magst du am liebsten an der Adventszeit?", fragt sie und schaut Fanny neugierig an.

Fanny schenkt Rica ein warmes Lächeln und ihre Augen leuchten, als sie zu erzählen beginnt: „Weißt du, kleine Rica, als ich so alt war wie du, freute ich mich auch immer riesig auf das Fest. Früher mussten die kleinen Schafe stets bei der Herde bleiben und durften nicht im Wald mit den anderen Tieren spielen. Unser Hirtenhund Justus war da etwas strenger als Mischa." Fanny gibt Rica einen kleinen Stups und zwinkert ihr zu. „Du hättest ihn aber sicher auf eine harte Probe gestellt."

Rica muss kichern. „Habt ihr Weihnachten dann immer im Stall gefeiert?"

Fanny schüttelt den Kopf. „Nein. Weihnachten war auch deswegen etwas Besonderes, weil alle am Heiligen Abend zusammengekommen sind. Auch die Waldtiere, die wir nur selten gesehen haben, waren dabei und haben mit uns gefeiert … hach, es gab wirklich nichts Schöneres. Weihnachten hatte einfach einen ganz besonderen Zauber." Verträumt schaut Fanny vor sich hin.

Ein Weihnachtszauber? Oh, wie wunderbar, freut sich Rica.

3. Dezember

Der Weihnachtszauber

Aufgeregt setzt sich Rica auf. Hat sie das richtig gehört? Hat Fanny gerade wirklich von einem Weihnachtszauber erzählt? „Wie? Was denn für ein Zauber?"

„Na, eben der Zauber von Weihnachten!", sagt das alte Schaf und lächelt geheimnisvoll.

Rica schüttelt den Kopf. „Meinst du das leckere Essen an Heiligabend? Oder den leuchtenden Weihnachtsbaum?"

Fanny trinkt einen Schluck aus der Tränke. „Mmh, tut das gut", murmelt sie. „Weißt du, kleine Rica, jeder muss den Zauber von Weihnachten für sich selbst finden."

Das kleine Schaf legt den Kopf schief und denkt nach. Den Weihnachtszauber finden…? Wo soll sie denn mit ihrer Suche anfangen? Im Wald oder auf der Weide? Kann man den Weihnachtszauber sehen? Oder anfassen? Vielleicht riecht er auch besonders gut, wie Weihnachtsplätzchen nach Zimt und Vanille?

„Und wie – ?", fängt Rica an, aber Fanny steht schon nicht mehr neben ihr. Rica hat gar nicht bemerkt, dass das alte Schaf mit den anderen nach draußen gegangen ist. Schnell springt das kleine Schaf auf und läuft ebenfalls hinaus in die Sonne. Blinzelnd bleibt Rica stehen, bis sich ihre Augen an das Licht gewöhnt haben.

„Nanu, wo bleibst du denn? Du bist doch sonst die Erste, die am Morgen wach ist. Bist du etwa krank?" Ricas Freund, der Hirtenhund Mischa, steht auf dem Hof und blickt verwundert auf das kleine Schaf hinunter.

Rica schmunzelt. „Nein, alles gut, Mischa. Ich habe nur nachgedacht."

„So? Und über was?", fragt Mischa neugierig.

„Über den Weihnachtszauber", sagt Rica und ein freudiges Kribbeln breitet sich in ihrem Bauch aus. Das kleine Schaf kann es kaum erwarten, auf die Suche zu gehen.

4. Dezember

Eine Überraschung für Fanny

Rica schaut ihren besten Freund Mischa erwartungsvoll an. „Weißt du vielleicht, wo man den Weihnachtszauber finden kann?"

„Den Weihnachtszauber? Wie kommst du denn darauf?", fragt der Hirtenhund verwirrt.

„Ich will ihn für Fanny finden. Der Weihnachtszauber ist nämlich das Allerschönste für sie an Weihnachten und ich möchte sie damit an Heiligabend überraschen. Sie ist immer so lieb zu mir und ich darf jede Nacht an ihr warmes Fell gekuschelt schlafen. Da dachte ich, dass ich dieses Weihnachten für sie zum schönsten Weihnachtsfest überhaupt machen will!"

„Oh, das ist aber eine wunderschöne Idee", lobt Mischa. „Da wird sie sich bestimmt freuen. Aber weißt du, der Zauber von Weihnachten ist deswegen so besonders, weil …"

„MÄHHH!"

Plötzlich hallt ein lautes Blöken von der Weide zu den beiden herüber und der Hirtenhund stellt beunruhigt die Ohren auf.

„Nanu, was da wohl los ist? Ich schau lieber schnell nach. Nicht, dass sich Joseph wieder mit seinen Hörnern im Zaun verhakt hat. Bis nachher, Rica."

Und damit saust Mischa auch schon in Richtung Weide davon.

„Aber …", ruft Rica ihm noch hinterher. Wo soll sie denn jetzt den Weihnachtszauber für Fanny suchen?

Da kommt Rica eine Idee: „Am besten, ich frage die alte Eule. Wenn jemand weiß, wo man den Weihnachtszauber finden kann, dann bestimmt sie!"

5. Dezember

Nanu, was ist denn das?

Rica hat sich gleich auf den Weg gemacht, um die alte Eule zu suchen. Das kleine Schaf ist viel zu ungeduldig, um darauf zu warten, dass Mischa wieder zurückkommt.

„Bestimmt kann mir Frau Eule weiterhelfen", ist sie sich sicher. „Sie weiß schließlich fast alles."

Geschwind läuft sie über den leeren Hof in Richtung Waldrand.

Im Wald lacht die Sonne auf Rica herab und gelbes Licht tanzt abwechselnd zwischen den Bäumen hervor und leuchtet über den Boden.

Fast kommt es dem kleinen Schaf vor, als wäre es Frühling, so warm sieht es aus. Doch dann weht ein eiskalter Wind durch ihr weißes, weiches Fell und Rica fröstelt.

„Guten Morgen, Rica. Ist dir auch so kalt?", fragt die Maus, die zwischen einem kleinen Berg aus braunroten Laubblättern auftaucht.

„Ja, aber das heißt auch, dass bald Weihnachten ist", lacht Rica.

„Das stimmt", schmunzelt die Maus. „Hab einen schönen Tag", sagt sie noch, bevor sie wieder in ihrem warmen Mäuseloch verschwindet.

Rica lächelt und hüpft, fröhlich vor sich hin summend, über eine Baumwurzel.

Moment, da hinten bewegt sich doch etwas. Neugierig läuft das kleine Schaf langsamer und spitzt die Ohren. Rica versucht zwischen den dunkelgrünen, mit Eiskristallen überzogenen Tannenzweigen hindurch zu erkennen, was es ist. Es sieht irgendwie aus wie ein brauner Ball, der unkontrolliert hin und her rollt. Daneben befindet sich ein etwas kleinerer rötlicher Ball, der leicht zittert.

Verwirrt bleibt Rica stehen. Nanu, was ist denn das? Doch als sie das leise Kichern und Lachen hört, weiß sie genau, wen sie auf der Lichtung treffen wird.

6. Dezember

Ein kugelrunder Spaß

Rica rennt, so schnell sie ihre kurzen Beine tragen, auf die Lichtung zu. Schlitternd bleibt sie vor ihren Freunden stehen. „Was macht ihr denn da?", ruft sie grinsend.

Der kleine Bär Bruno und das Eichhörnchen liegen mittlerweile laut kichernd auf dem Rücken und halten sich ihre Bäuche.

„Wir kugeln uns", lacht Bruno. „Das macht vielleicht einen Spaß. Schau!" Ricas Freund zeigt ihr gleich mehrere Purzelbäume.

Das Eichhörnchen zählt laut mit. „Eins, zwei, drei, vier, fünf – oh, Bruno, pass auf!" Der kleine Bär ist auf einen breiten Baum zugerollt und kann leider nicht mehr bremsen. Mit einem leichten Wumms prallt er gegen den Stamm.

„Hast du dir weh getan?", fragt Rica besorgt.

Bruno reibt sich den Kopf und kichert. „Nein, ich hab ja ein dickes Fell."

Erleichtert zupft ihm das kleine Eichhörnchen ein paar Blätter aus dem Fell. „Und wenn der doofe Baum dich nicht gestoppt hätte, dann hättest du sicher einen neuen Rekord aufgestellt." Sie dreht sich zu Rica. „Ich komme bis jetzt nicht über vier hinaus, danach wird mir zu schwindelig."

Rica muss schmunzeln. „Ist vielleicht auch besser so."

„Was machst du denn schon so früh am Morgen im Wald?", fragt Bruno.

„Ich wollte zur alten Eule und sie fragen, ob sie mir sagen kann, wo ich den Weihnachtszauber finde", erklärt Rica.

Bruno und das Eichhörnchen schauen verdutzt erst sich und dann Rica an. „Den Weihnachtszauber?", fragen beide erstaunt.

„Genau!", sagt Rica geheimnisvoll.

7. Dezember

Kommt ihr mit?

Bruno und das Eichhörnchen schauen beide erstaunt zu Rica.

„Ein Weihnachtszauber? Was ist das denn? Und warum suchst du ihn?", fragt Bruno und schüttelt sich ein paar Blätter aus dem braunen Fell.

„Nun ja, so genau weiß ich auch nicht, was es ist. Aber für Fanny war der Weihnachtszauber wohl immer das Allerschönste am Fest und ich möchte ihn für sie finden, sozusagen als Weihnachtsgeschenk!", erklärt das kleine Schaf stolz.

„Oh, das ist ja eine schöne Idee!" Das Eichhörnchen springt begeistert in die Luft. „Das Beste am Weihnachtsfest ist doch, dass man seinen Freunden etwas schenkt, finde ich. Ich mache das so gerne. Deswegen sammle ich auch extra viele Nüsse und andere Leckereien zusätzlich zu meinem Wintervorrat, damit ich euch an Heiligabend allen etwas davon abgeben kann."

„Mmh, lecker, darauf freue ich mich auch schon sehr", brummt Bruno. „Aber noch mehr freue ich mich auf richtigen Schnee. Ich hoffe, es schneit bald mal etwas mehr." Der Bär schaut zweifelnd in den blauen Himmel und schnauft dann enttäuscht. „Aber bis jetzt sieht es noch nicht danach aus."

„Ach, das wird schon." Rica stupst ihn freundschaftlich in die Seite. „Du wirst sehen."

Bruno lächelt Rica an, und auch das Eichhörnchen nickt. „Ganz bestimmt!"

„Wollt ihr mich vielleicht zu Frau Eule begleiten?"

„Natürlich! Wir wollen doch auch wissen, was der Weihnachtszauber ist", ruft der kleine Bär begeistert.

Bruno steht sofort auf und das Eichhörnchen springt aufgeregt auf seinen Rücken.

„Aber klar", jubelt auch das Eichhörnchen. „Wir können dich doch unmöglich alleine den Weihnachtszauber suchen lassen!"

8. Dezember

O du fröhliche!

Gemeinsam machen sich die drei Freunde auf den Weg tiefer in den Wald hinein zum Baum der alten Eule. Rica und Bruno summen dabei ein Weihnachtslied nach dem anderen und das Eichhörnchen versucht zu erraten, welches Lied es ist.

„*Alle Jahre wieder*? Quatsch, warte, ich meine natürlich *O du fröhliche*", ruft das Eichhörnchen aufgeregt.

Rica lacht. „Gerade noch richtig geraten."

„Aber Bruno war auch etwas schief", verteidigt sich das Eichhörnchen.

„Gar nicht wahr." Bruno runzelt beleidigt die Stirn und schüttelt den Kopf. „Das gehört so. Das muss nur besser schallen. Wartet, ich zeige euch, was ich meine." Der kleine Bär läuft ein paar Schritte und beugt sich dann hinunter zu einem Loch, das unter einem tief hängenden Tannenzweig hervorblitzt.

Er steckt seinen Kopf hinein und singt laut „Ooo du fröhlicheeee, ooo du seeligeee …" und seine Stimme hallt über die ganze Lichtung. Doch ganz plötzlich bricht Brunos Gesang ab und er stolpert rückwärts.

„Es ist wirklich nett, dass du mir ein Lied singst. Aber du muss mir ja nicht direkt ins Ohr schreien." Der Fuchs streckt schmunzelnd den Kopf aus seinem Bau.

„Upps! E…Entschuldigung", sagt Bruno und grinst verschmitzt. Rica und das Eichhörnchen kringeln sich vor Lachen.

Der Fuchs macht ein paar Schritte aus seinem Bau heraus. „Schon gut. Aber was macht ihr eigentlich hier?"

„Ich möchte Fanny eine Freude machen und ihr das schenken, was sie am allerschönsten an Weihnachten findet", erklärt Rica.

„Das ist aber nett von euch!", sagt der Fuchs und schaut die drei Freunde stolz an. „Wirklich sehr nett! Wisst ihr, was ich am besten finde?"

9. Dezember

Nicht eine Feder in Sicht

„Wisst ihr, was ich an Weihnachten am besten finde?", fragt der Fuchs.
Rica, Bruno und das Eichhörnchen schütteln stumm die Köpfe.
„Ein gutes Weihnachtsgedicht! Das bringt einen so richtig in Weihnachtsstimmung,
findet ihr nicht?", fragt der Fuchs und schaut sie erwartungsvoll an.
„Da hast du recht!", antwortet Rica und strahlt. Das kleine Schaf liebt Weihnachts-
gedichte! „Gedichte sind einfach wundervoll!"
„Nicht wahr?" Der Fuchs lächelt, muss sich dann aber verabschieden und ver-
schwindet hinter einer dichten Hecke.
Auch die drei Freunde machen sich weiter auf den Weg.
Als sie beim Baum der alten Eule ankommen, ist jedoch nichts von ihr zu sehen.
Weit und breit nicht eine Feder in Sicht.
„Schade, sie ist nicht zu Hause." Rica lässt enttäuscht den Kopf hängen.
„Nicht traurig sein!", tröstet sie Bruno. „Bestimmt kommt sie bald zurück."
Schon lächelt Rica wieder. „Ja, bestimmt."
Um die Wartezeit zu verkürzen, spielen die drei Freunde erst Fangen und
dann *Ich sehe was, was du nicht siehst.*
„Ich sehe was, was du nicht siehst, und das ist … weiß!",
ruft das Eichhörnchen.
„Hm – Rica?", fragt Bruno.
Das Eichhörnchen lacht und schüttelt den Kopf.
„Dann vielleicht das Eis an dem Strauch da?" Doch das Eichhörnchen
schüttelt wieder den Kopf. „Nein."
„Ich weiß es!", ruft Rica da plötzlich und springt auf. „Schnee!"
Das Eichhörnchen nickt mit einem breiten Grinsen. Und
tatsächlich – dicke weiße Schneeflocken fallen tanzend
vom Himmel. Verträumt schaut Bruno nach oben.
„Endlich! Es schneit!", freut er sich.

10. Dezember

Endlich, es schneit!

Endlich schneit es! Rica und Bruno springen fröhlich hin und her. Dabei versuchen sie lachend die ersten Schneeflocken auf der Zunge zu fangen.

Das Eichhörnchen klettert den Baum der alten Eule hinauf und beobachtet, wie die Flocken sanft zur Erde schweben. Die leichte Schneedecke verzaubert den Wald langsam in ein glitzerndes Wintermärchen.

„Wenn wir Glück haben, dann bleibt eine dicke Schicht liegen und wir können bald einen Schneebären bauen", jubelt Bruno begeistert.

„Oh, oder noch viel besser – wir können eine Schneeballschlacht machen!" Bruno hat einen kleinen Haufen des frisch gefallenen Schnees gesammelt und zu einer winzigen Kugel geformt. Noch bevor das Eichhörnchen protestieren kann, segelt der Mini-Schneeball auch schon direkt auf es zu.

Mit einem leisen Platsch landet der Schnee direkt auf seinem Bauch. „Uff! Na warte, das bekommst du zurück", kichert das Eichhörnchen und flitzt über die langen Äste. „Vorsicht!", ruft es einer Blaumeise zu, die schnell Platz macht und sich auf den nächsten Baum rettet.

Das Eichhörnchen macht ein paar Sprünge und fegt mit seinem buschigen Schwanz den auf dem Ast liegenden Schnee herunter, der nun auf Bruno hinunterrieselt.

„Hihi, da hast du deinen Schnee", lacht Rica.

Bruno schüttelt sich kichernd und formt einen weiteren kleinen Schneeball. Das Eichhörnchen flitzt den Baum hinauf und kann sich in letzter Sekunde ducken. „Haha, daneben!", ruft es. Dann hört es hinter sich ein Husten.

„Nicht ganz." Als das Eichhörnchen sich langsam umdreht, blickt es in zwei runde schwarze Augen, die unter einem kleinen Schneeberg hervorschauen. „Upps! H...Hallo."

11. Dezember

Volltreffer!

„H…Hallo", stottert das Eichhörnchen überrascht. Hinter ihm sitzt die Kra-Kra-Krähe und putzt sich mit schnellen Bewegungen den Schnee aus dem Gefieder.

„Das nenne ich einen Volltreffer", krächzt die Kra-Kra-Krähe und schüttelt sich ein letztes Mal, bis auch die letzte weiße Flocke aus ihren schwarz glänzenden Federn verschwunden ist.

„Tut mir leid, Kra-Kra-Krähe. Ich wollte dich nicht mit dem Schneeball treffen", ruft Rica und blickt entschuldigend nach oben.

Die Kra-Kra-Krähe seufzt. „Ach, schon gut, Rica. Ich hoffe nur, dass ich mir nicht eine Erkältung einfange. Ich vertrage die Kälte nicht so gut. Und es ist ja auch bald Weihnachten."

Rica muss lächeln. Die Kra-Kra-Krähe ist eine kleine Schwarzseherin und geht immer vom Schlimmsten aus.

„Aber Schnee gehört doch zu Weihnachten dazu!", sagt Bruno und lässt sich auf die schneebedeckte Erde plumpsen.

„Das stimmt", erwidert die Kra-Kra-Krähe und schüttelt sich. „Aber auf die Kälte könnte ich gut verzichten. Brrr! – Viel schöner ist es, im Advent im warmen, kuscheligen Nest zu sitzen und über ein neu gedichtetes Weihnachtslied nachzudenken. Ich war gerade dabei und wollte nur schnell die Meinung von Frau Eule zu einer Strophe einholen. Doch sie scheint nicht da zu sein."

Die Tierkinder schütteln den Kopf. „Nein, wir wollten sie auch etwas fragen, aber wie es aussieht, kommt sie so schnell nicht zurück. Wir warten schon eine Weile. Durch den Schnee haben wir ganz die Zeit vergessen." Rica deutet mit der Schnauze auf die Flocken, die immer noch leise und sanft um sie herum auf den Boden schweben. „Aber vielleicht kannst du uns helfen. Weißt du, wo wir den Weihnachtszauber finden können?"

12. Dezember

Das Weihnachtslied der Kra-Kra-Krähe

Erwartungsvoll schauen Rica, Bruno und das Eichhörnchen die Kra-Kra-Krähe an. „Weißt du vielleicht, wo wir den Weihnachtszauber finden können?"

„Genau, das ist es!", ruft die Kra-Kra-Krähe, ohne Rica zu antworten. Aufgeregt mit den Flügeln schlagend hüpft sie ans Ende des Astes und schwingt sich in die Luft. „Danke!", ruft sie, und dann hören die drei Freunde nur noch, wie sie vor sich hin singt: „Der Zauber von Weihnachten, so magisch und schön, ist jedes Jahr erneut zu sehn."

Leise verklingen die Töne des Liedes zwischen den Bäumen und bald herrscht wieder Stille auf der Lichtung.

„Das hat uns aber nicht weitergeholfen!", seufzt Bruno.

„Ja, aber ihr kennt doch die Kra-Kra-Krähe. Wenn sie erst einmal eine Idee zu einem neuen Weihnachtslied hat, ist alles andere vergessen." Rica lächelt. „Ich freue mich jedenfalls darauf, dass sie es uns an Heiligabend vorsingt."

„Ich auch", ruft das Eichhörnchen und springt leichtfüßig den Baum hinunter. „Und was machen wir jetzt?", fragt es und schaut seine beiden Freunde erwartungsvoll an. Bruno legt den Kopf schief. „Hm, … ich weiß auch nicht."

Niedergeschlagen schaut Rica zu Boden. Wie soll sie den Weihnachtszauber bloß finden?

„Keine Sorge, Rica", tröstet das Eichhörnchen sie. „Wir finden den Zauber bestimmt. Gemeinsam schaffen wir das!"

„Genau!", stimmt Bruno zu und nickt. „Und bis Heiligabend haben wir auch noch genügend Zeit."

Dankbar lächelt Rica ihre Freunde an. Gemeinsam werden sie es bestimmt schaffen.

13. Dezember

Die Suche geht weiter

Die nächsten Wochen machen sich Rica, Bruno und das Eichhörnchen überall auf die Suche nach dem Weihnachtszauber. Sie suchen in Brunos Höhle, im Birkenwäldchen auf der anderen Seite des großen Waldes und auf der Wiese hinter Ricas Hof. Doch nirgendwo können sie den Zauber finden.

„Schade, dass Frau Eule gerade jetzt ihre Schwester besucht. Sie könnte uns bestimmt helfen", sagt das Eichhörnchen und springt geschickt über mehrere dicke Baumstämme.

„Wieso fragst du nicht einfach Mischa?", möchte Bruno wissen.

Rica schüttelt den Kopf. „Nein, es soll doch eine Überraschung für Fanny sein und da könnte sich Mischa aus Versehen verplappern."

Der kleine Bär nickt. „Stimmt!"

Rica überlegt. „Hmm … Schafbock Joseph hat mal erzählt, dass es hinter dem Wasserfall am See eine Höhle geben soll, die richtig magisch ist."

„Na, dann los! Lasst uns dort suchen", ruft Bruno und läuft los.

Es dauert nicht lange und schon sehen die drei Freunde das glitzernde, blausilbrig schimmernde Eis des großen Sees zwischen den Bäumen.

„He, seht, wer da ist!", ruft Rica begeistert, als sie den Biber und den Waschbären auf dem zugefrorenen See entdeckt. „Hallo!"

Biber Benni sieht die drei zuerst. „Hallo, wollt ihr mit uns über den See schlittern?"

Waschbär Konrad winkt ihnen nur kurz zu und lässt sich dann auf den Bauch fallen. Mit einem kleinen Stoß gleitet er vom Rand auf die Mitte des Sees.

„Wir freuen uns schon den ganzen Advent darauf, dass das Eis endlich dick und fest genug ist, um darauf zu schlittern." Konrad setzt sich auf seinen Po und dreht jauchzend eine Pirouette. „Das ist das Allerschönste an Weihnachten!", ruft er laut.

14. Dezember

Schlitterparty auf dem See

Rica, Bruno, das Eichhörnchen und Biber Benni beobachten schmunzelnd, wie sich Waschbär Konrad rutschend und schwankend über die glatte Eisfläche bewegt.

„Eisschlitter-Partys sind wirklich das Allerbeste an Weihnachten. Kommt mit!", ruft Benni und ist auch schon auf dem See verschwunden.

Zusammen mit seinem Freund Konrad dreht der Biber Kringel und Kreise. Die beiden versuchen, sich gegenseitig zu überbieten und noch besser zu sein als der andere. Kleine Eisflocken und weißer Staub werden dabei in die Luft gewirbelt und funkeln im gleißenden Sonnenlicht wie Feenstaub.

Das lassen sich Rica, Bruno und das Eichhörnchen nicht zweimal sagen und schon bald hallt lautes Lachen und Kichern über den See.

„Das macht sooo viel Spaaaß!", ruft Rica laut, als sie in vollem Tempo auf ihren kurzen Beinen über das Eis rutscht. Sie schafft es fast bis zur anderen Uferseite, bis sie, alle viere von sich gestreckt, schließlich kichernd liegen bleibt. Da fällt ihr Blick plötzlich auf den zugefrorenen Wasserfall.

„Ach, herrje!" Erschrocken richtet sie sich auf. Vor lauter Spaß mit ihren Freunden hat sie beinahe vergessen, nach dem Weihnachtszauber zu suchen, und es ist nicht mehr lange bis Heiligabend. Dabei möchte sie Fanny so gerne überraschen.

Zweifelnd blickt Rica an dem eingefrorenen Eis des Wasserfalls hinauf. Ob Joseph wohl recht hat und die Höhle wirklich magisch ist? Dann müsste sie den Weihnachtszauber hier doch finden können, oder? Das kleine Schaf hofft es wirklich sehr!

15. Dezember

Ein Hoffnungsschimmer

Rica blickt zweifelnd an dem gefrorenen Wasserfall hinauf. „Da passt doch niemand durch", denkt sie, als sie sieht, wie schmal die Spalte zwischen dem Eis und dem grauen Felsen ist. Durch diesen Spalt werden sie niemals in die Höhle kommen, von der Joseph erzählt hat. Die anderen halten mit dem Spiel inne und folgen Ricas Blick.

Waschbär Konrad kratzt sich verwirrt am Kinn. „Was suchst du denn?"

„Den Weihnachtszauber", antwortet das kleine Schaf mit leiser Stimme.

„Ohhhh…", machen der Biber und der Waschbär gleichzeitig und schauen Rica dann fragend an.

Das kleine Schaf muss kichern. „Ihr wisst auch nicht, was das ist, oder?"

Die beiden Freunde schütteln die Köpfe. „Nein."

„Also, am besten fragt ihr …", beginnt Konrad.

„… die alte Eule? Wollten wir, aber sie ist verreist", unterbricht Bruno.

„Das wollte ich gar nicht sagen. Aber vielleicht kann euch ja das Murmeltier helfen", schlägt Konrad vor.

„Das Murmeltier?", fragt Rica.

Bruno und das Eichhörnchen runzeln verwirrt die Stirn.

„Ja, es lebt in einer Höhle weiter unten den Fluss entlang", erklärt Konrad. „Im Winter schläft es eigentlich die meiste Zeit, aber es kennt sich mit fast allen Sachen richtig gut aus."

Ricas Herz beginnt vor Aufregung etwas schneller zu klopfen. „Und ihr meint, es weiß, wo der Weihnachtszauber zu finden ist?"

„Keine Ahnung, aber einen Versuch ist es auf jeden Fall wert", antwortet Benni.

In Ricas Bauch breitet sich wieder ein warmer Hoffnungsschimmer aus.

Das Murmeltier kann ihnen bestimmt helfen.

16. Dezember

Hallo? Hallo? Hallo?

Aufgeregt läuft Rica durch den Wald – immer am Fluss entlang. Bruno und das Eichhörnchen folgen ihr. Alle blicken sich suchend nach der Höhle des Murmeltiers um. „Schaut mal, da vorne!", ruft das Eichhörnchen und alle drei bleiben stehen.

Rica folgt dem Blick ihrer Freundin und tatsächlich, hinter einem dicken Baumstamm lässt sich der Eingang einer Höhle entdecken. Sie sieht fast so aus wie die Höhle von ihren Freunden Anna und Max. Die Dachsgeschwister sind im letzten Winter in eine Höhle ganz in der Nähe gezogen. Rica hofft sehr, dass die beiden auch zum Weihnachtsfest kommen werden.

„Geh du zuerst", sagt das Eichhörnchen leise und schiebt Rica vor sich her. „Ein bisschen gruselig ist so eine dunkle Höhle ja schon."

Obwohl Rica eben noch ganz aufgeregt war, zittern ihr jetzt ein wenig die Beine.

„Keine Sorge, das Murmeltier ist sicher nett", sagt Bruno.

Rica atmet einmal tief durch und steckt dann ihren Oberköper in die dunkle Öffnung des Baus. Es ist stockdunkel in der Höhle. Die Luft ist feucht und riecht nach Erde und feuchtem Holz.

„Halloo?", ruft sie zaghaft. „Ist jemand zu Hause? Herr … Herr Murmeltier?" Ricas Stimme hallt durch den Bau und ein leises Echo ist zu hören.

Rica lauscht gespannt. Doch außer ihrem Atem ist nichts zu hören. „Hallo?", ruft sie erneut. Dieses Mal lauter.

„Hallo? Hallo? Hallo?", kommt ihr Echo zurück.

Oje, wenn das Murmeltier auch nicht zu Hause ist, weiß Rica wirklich nicht, wie sie den Weihnachtszauber noch rechtzeitig für den Heiligen Abend finden sollen.

17. Dezember

Kann ich euch helfen?

Angespannt lauscht Rica in die dunkle Stille. Und auch der kleine Bär Bruno und das Eichhörnchen spitzen die Ohren.

„Kann ich euch helfen?", hören sie da jemanden fragen.

Überrascht drehen sich die drei Freunde um. Vor ihnen steht ein kleines braunes Murmeltier und reibt sich verschlafen die Augen.

Rica sieht sich verwirrt um und entdeckt auf der anderen Seite des Hügels einen weiteren Eingang zum Bau.

„Äh, hallo? Haben wir dich etwa geweckt?", fragt das kleine Schaf.

„Das kann man wohl sagen." Das Murmeltier kratzt sich den Bauch und gähnt. „Wer kann bei so einem Radau schon schlafen? Was gibt es denn so Dringendes?"

Die drei Freunde wechseln einen Blick und Rica macht einen Schritt auf das Murmeltier zu. Sie räuspert sich: „Entschuldigung, aber wir sind auf der Suche nach etwas für Weihnachten und Konrad und Benni meinten, dass du uns vielleicht sagen kannst, wo man es findet, weil du einfach über alles Bescheid weißt."

Das Murmeltier schmunzelt. „Na, über alles vielleicht nicht. Aber ihr habt Glück, über Weihnachten kann ich euch tatsächlich eine Menge erzählen."

Rica bekommt große Augen und auch Bruno und das Eichhörnchen tauschen einen aufgeregten Blick.

„Weißt du dann etwa auch, wo wir den Weihnachtszauber finden können?", fragt das kleine Schaf hoffnungsvoll.

„Hmm … naja, den Zauber von Weihnachten kann man überall finden", erklärt das Murmeltier.

„Aber … das … verstehe ich nicht", sagt Rica verwirrt.

„Na, dann lasst es mich euch erklären …", sagt das Murmeltier und holt tief Luft.

18. Dezember

Ein warmes Kribbeln im Bauch

Nachdenklich kratzt sich Herr Murmeltier am Hals. „Hm, wie kann ich euch am besten erklären, was der Zauber von Weihnachten ist?", murmelt er. „Wisst ihr, das ist für jeden etwas anderes. Je nachdem, was man an der Weihnachtszeit besonders schön findet. Für manche ist der Weihnachtszauber das Fest an sich mit seinen stimmungsvollen Liedern und dem leckeren Essen. Für andere sind es viele Dinge zusammen, wie der Weihnachtsbaum, der Schmuck oder die Geschenke. Doch für die meisten ist der Zauber von Weihnachten das Gefühl, das man bekommt, wenn man am Heiligen Abend mit seiner Familie und den Freunden zusammen ist. Wenn alles ganz ruhig wird und man viel Zeit mit denen verbringt, die man lieb hat. Und vor allem, dass man anderen, denen es nicht so gut geht, hilft und mit ihnen teilt. Versteht ihr?"

Rica, Bruno und das Eichhörnchen schauen das Murmeltier staunend an.

„Dann ist der Weihnachtszauber gar kein richtiger Zauber, sondern ein Gefühl?", fragt das Eichhörnchen.

„Ach, das ist es, was ich an Weihnachten immer so warm kribbelnd in meinem Bauch spüre!", ruft Bruno aufgeregt.

Auf Ricas Gesicht breitet sich ein fröhliches Lächeln aus. „Das ist sooo wundervoll. Jetzt verstehe ich, warum Fanny den Weihnachtszauber am allerschönsten findet."

Das Murmeltier nickt zufrieden. „Ich hoffe, ich konnte euch damit weiterhelfen."

„Und ob! Vielen, vielen Dank, Herr Murmeltier." Rica hüpft fröhlich im Kreis. Doch dann bleibt sie plötzlich stehen.

„Jetzt weiß ich, wie ich Fanny überraschen kann. Wir werden dieses Jahr das tollste Weihnachtsfest überhaupt feiern!"

19. Dezember

Ein ganz besonderer Ort

Aufgeregt hüpft Rica hin und her. „Fanny wird Augen machen! Wir feiern dieses Jahr ein ganz besonderes Weihnachtsfest mit dem tollsten Weihnachtszauber überhaupt!" Bruno und das Eichhörnchen nicken begeistert.

„Au ja. Und wir laden alle ein", schlägt Bruno vor.

„Und wir machen es wunderbar gemütlich und weihnachtlich für den Heiligen Abend." Das Eichhörnchen bekommt ganz glänzende Augen vor Freude.

Als er die Begeisterung der drei sieht, muss Herr Murmeltier lächeln. „Das ist eine schöne Idee. Und wie wäre es, wenn ihr dieses ganz besondere Fest auch an einem ganz besonderen Ort feiert?", fragt er geheimnisvoll.

Rica, Bruno und das Eichhörnchen schauen ihn verwirrt an.

„Wie meinst du das?", fragt Rica.

„Na, ich kenne mich nicht nur mit Weihnachten gut aus", sagt das Murmeltier mit einem Zwinkern. „Es gibt eine wirklich schöne Höhle gar nicht weit von hier. Ich finde es dort gerade zur Weihnachtszeit richtig magisch – wenn die Sonne und der Mond die Eiskristalle zum Leuchten bringen und die Höhle in vielen verschiedenen Farben glitzert … Das wäre der perfekte Ort für euer Weihnachtsfest!"

„Das ist eine prima Idee!", freut sich Rica. „Viel besser als im Stall oder am Waldrand. Wo ist denn diese zauberhafte Höhle?"

Herr Murmeltier erklärt den drei Freunden den Weg ganz genau.

„Ich kann es kaum erwarten", ruft das Eichhörnchen.

„Ich auch nicht. Das wird so toll!" Bruno nickt begeistert.

„Wundertoll!", bestätigt Rica und eine kribbelnde Vorfreude breitet sich in ihrem ganzen Körper aus.

20. Dezember

Weihnachtsvorbereitungen

In den nächsten Tagen dreht sich alles nur noch um die Vorbereitung des absolut besten Weihnachtsfestes überhaupt. Das Eichhörnchen, Mischa und die Schneehasen sind für die Weihnachtsleckereien zuständig. Bruno und Waschbär Konrad suchen im ganzen Wald nach dem schönsten Weihnachtsbaum und Rica, das Rehkitz Ella und der Biber Benni sammeln alles, was sie als Weihnachtsdekoration finden können.

Die drei Freunde haben alle außer Fanny in ihren Plan eingeweiht, ein besonderes Weihnachtsfest in der Höhle im Wald zu feiern. Und so herrscht reges Geflüster im Stall und im Wald. Alle sind ganz gespannt auf diesen besonderen Ort.

„Oh, wie schön." Bruno und Waschbär Konrad schauen sich die Stechpalmenzweige und das Stroh an, das Rica und Ella gesammelt haben.

„Ja, nicht wahr. Wir haben ganz viel gefunden", sagt Ella begeistert. „Und die Schneehasen und Mischa haben das Essen schon in die Höhle gebracht. Mischa hat einen ganzen Sack Äpfel mitgebracht!"

„Mmhh, lecker." Bruno reibt sich erwartungsvoll den Bauch. „Aber wartet, bis ihr den Weihnachtsbaum seht, den wir ausgesucht haben. Er ist riesig!"

„Toll!", ruft Rica, als sie die große Tanne erblickt. „Der Baum ist perfekt! Aber auch ganz schön groß. Wie sollen wir ihn denn nur bis zur Höhle bringen?"

„Na, da können wir euch helfen, Rica." Herr Wildschwein und Biber Benni tauchen hinter der Tanne auf und lachen fröhlich in die Runde. „Gemeinsam schaffen wir das", versprechen sie.

„Super, vielen Dank", freuen sich die drei.

21. Dezember

Eine magische Weihnachtshöhle

„Puh! Das war ganz schön anstrengend!" Bruno wischt sich den Schweiß von der Stirn.

Zusammen mit dem Wildschwein haben die Freunde den Weihnachtsbaum in der Mitte der großen Höhle aufgestellt.

„Aber es hat sich wirklich gelohnt", freut sich Rica. „Es sieht alles einfach wun-der-wunderschön aus!"

In der großen Höhle leuchten vereinzelt Sonnenstrahlen durch den Eingang und lassen die Eiskristalle und den Schnee im Inneren funkeln und glitzern. Die roten Stechpalmenzweige sind großzügig verteilt und das Essen liegt bereit. Beim Anblick der vielen Leckereien läuft Rica das Wasser im Mund zusammen.

„Danke für deine Hilfe", sagt Rica und lächelt das Wildschwein an. „Jetzt müssen wir nur noch den Weihnachtsbaum schmücken und allen Bescheid geben."

Rica ist ganz aufgeregt, wenn sie daran denkt, wie sehr sich Fanny freuen wird.

„Wenn ihr mögt, dann kann ich die Einladungen gerne verteilen", schlägt das Wildschwein zwinkernd vor.

Am nächsten Morgen ist Rica schon vor den anderen wach. Heute Abend ist es endlich so weit! Ob die Weihnachtsüberraschung wohl allen gefallen wird? Hoffentlich haben sie auch niemanden vergessen!

Mischa stupst Rica liebevoll an, als er sieht, wie nervös seine Freundin ist. „Keine Sorge, Rica. Das Wildschwein und ich haben wirklich jedem Bescheid gesagt."

Erleichtert lächelt Rica den Hirtenhund an. Sie kann es gar nicht erwarten, dass es endlich Abend wird.

22. Dezember

Freut euch, das Christkind kommt bald!

Und dann ist es endlich so weit. Alle Tiere brechen gemeinsam auf in Richtung der wunderbar weihnachtlich geschmückten Höhle. Rica, Bruno und das Eichhörnchen gehen vor, dicht gefolgt von Biber Benni, Waschbär Konrad und den Schneehasen. Über ihnen fliegt die Kra-Kra-Krähe und singt laut ihr selbst gedichtetes Lied:

„Der Zauber von Weihnachten, so magisch und schön,
ist jedes Jahr erneut zu sehn.
Wir kommen zusammen und feiern im Wald.
Freut euch, o freut euch, das Christkind kommt bald!"

Als sie schließlich ankommen, lächelt Rica stolz, als alle die Höhle bestaunen.
„Wie wunderschön!", ruft die alte Eule, die rechtzeitig zum Fest von ihrem Besuch zurückgekommen ist. „Das habt ihr extra für uns gemacht?"
Bewundernd sehen sich die Tiere um. Überall hängen Stechpalmen- und Mistelzweige. Auf dem Boden ist Stroh verteilt und um den geschmückten Weihnachtsbaum liegen unzählige Leckereien. Die Sterne strahlen am Himmel und ihr Licht, das sanft in die Höhle fällt, lässt alles zauberhaft leuchten.
Rica räuspert sich: „Wir wollten dieses Jahr ein ganz besonderes Weihnachtsfest feiern, damit alle den Zauber von Weihnachten spüren können." Das kleine Schaf schmiegt sich an Fannys weiches Fell. „Aber am allermeisten wollte ich dich überraschen. Ist es so schön und zauberhaft wie früher?", fragt Rica leise. Ihr Herz klopft vor Aufregung laut. Hoffentlich gefällt Fanny die Überraschung.
„Ach, Rica, es ist sogar noch viel schöner als früher. Vielen, vielen Dank."
Rica spürt, wie sich eine sanfte Wärme in ihrem Bauch ausbreitet. Sie hat den Weihnachtszauber wirklich gefunden!

23. Dezember

Die Weihnachtsgeschichte

Alles ist einfach perfekt. Rica blickt zu ihren Freunden und auch Bruno und das Eichhörnchen strahlen über das ganze Gesicht.

Alle Tiere haben um den Weihnachtsbaum Platz genommen und lassen sich die Weihnachtsleckereien schmecken.

„Hier ist es wirklich zauberhaft", seufzt die alte Eule. Die Sterne und der Mond funkeln um die Wette und werfen ein warmes Licht in die Mitte der Höhle. Alles wirkt ganz friedlich und sieht einfach wunderschön aus.

„Jetzt fehlt eigentlich nur noch die Weihnachtsgeschichte", seufzt Mischa.

„Da hast du recht!", stimmt die alte Eule dem Hirtenhund zu und räuspert sich. Rica kuschelt sich erwartungsvoll zwischen Fanny und Bruno. Auf die Weihnachtsgeschichte freut sie sich immer besonders. Wenn alle zusammen gemütlich um den Weihnachtsbaum sitzen und der Geschichte von der Geburt des Jesuskindes lauschen, ist das das Allerschönste für das kleine Schaf.

Das ist für mich der Zauber von Weihnachten, denkt Rica.

„Vor ganz langer Zeit lebte eine Frau namens Maria und ein Mann mit dem Namen Josef", beginnt die Eule zu erzählen. „Die beiden hatten sich sehr lieb und Maria sollte bald ein Kind bekommen. Eines Tages kam ein Bote des Kaisers und verkündete, dass der Kaiser wissen wolle, wie viele Menschen in seinem Reich lebten. Daher solle jeder in die Stadt gehen, in der er geboren worden war."

Während Rica zuhört, wie die alte Eule von Maria und Josefs beschwerlichen Weg von Nazareth nach Bethlehem berichtet, trägt der Wind sanft tanzende Schneeflocken in die Höhle.

24. Dezember

Frohe Weihnachten!

Die alte Eule macht eine kleine Pause und setzt dann ihre Erzählung der Weihnachts-geschichte fort. „Es war ein langer und anstrengender Weg für Josef und die schwan-gere Maria. Und als sie endlich in Bethlehem ankamen, machte sich Josef auf die Suche nach einem Schlafplatz für sie. Doch egal, wo er nachfragte, keine Herberge hatte mehr Platz für die beiden. Und so mussten Maria und Josef in einem Stall ihr Nachtlager aufschlagen. Dort wurde dann in dieser Nacht der kleine Jesus geboren." Rica seufzt und kuschelt sich noch enger an Fannys Seite.

„Zur gleichen Zeit lagerten am Rande der Stadt einige Hirten mit ihren Schafen auf dem Feld", erzählt die alte Eule weiter. „Als sie nachts an ihrem Lagerfeuer saßen, erschien ein Engel, der ihnen verkündete, dass ein besonderes Kind geboren worden sei, das Liebe und Frieden in die Welt bringen werde. Die Hirten beschlossen, das Kind zu begrüßen, und machten sich auf den Weg in den Stall. Dort fanden sie das Jesuskind in Windeln gewickelt und in einer Krippe liegend. Und sie dankten Gott." Rica blickt hinauf in den Himmel und sieht, dass ein Stern besonders leuchtend strahlt. Fast wie der Weihnachtsstern, der auch den Heiligen Drei Königen den Weg zum Jesuskind im Stall geleuchtet hat, denkt das kleine Schaf lächelnd, als die alte Eule vom Besuch der drei weisen Männer berichtet.

„Und weil Jesus am 24. Dezember geboren wurde, feiern wir heute am Heiligen Abend seine Geburt", beendet die alte Eule ihre Erzählung.

Rica lächelt. Hach, wie wunderschön doch alles ist. Und als Fanny ihr liebevoll durch das Fell wuschelt, weiß das kleine Schaf, dass sich die Mühe gelohnt hat, den Weihnachtszauber zu suchen. Denn genau hier, mit all ihren Freunden und Lieben an ihrer Seite und diesem warmen Gefühl voller Geborgenheit im Herzen, hat Rica den Zauber von Weihnachten gefunden!